Vente du Jeudi **24 Décembre 1868**

SALLE Nº 5

EXPOSITION le Mercredi 23 Décembre 1868

Exemplaire de Barre

MOBILIER

ARTISTIQUE

TABLEAUX ET AQUARELLES

De M. B. de M...

Mᵉ **CHARLES OUDART**

COMMISSAIRE-PRISEUR

Boulevart des Italiens, 26

M. **ÉMILE BARRE**

EXPERT

rue de la Chaussée-d'Antin, 26

PARIS — 1868

RENOU & MAULDE

IMPRIMEURS DE LA COMPAGNIE DES COMMISSAIRES-PRISEURS

Rue de Rivoli, 144.

CATALOGUE

DU

MOBILIER

ARTISTIQUE

De M. B. de M...

Meubles de l'époque Louis XVI, Lit, Commode, Consoles
Table de nuit, Guéridon, Chaises hollandaises, Bibliothèque, Bureau
Chiffonnier en poirier noirci
Ameublement de salle à manger en chêne sculpté

OBJETS D'ART ET DE CURIOSITÉ

Pendule Louis XVI en biscuit, Lustre, Flambeaux, Verrerie
Faïences italiennes et autres
Porcelaines de Chine et autres, Objets divers

TABLEAUX ET AQUARELLES

Par divers Maîtres anciens et modernes

DESSINS, SÉPIAS

DONT LA VENTE AURA LIEU

HOTEL DROUOT

SALLE N° 5

Le Jeudi 24 Décembre 1868

Par le ministère de M° **CHARLES OUDART**, Commissaire-Priseur,
boulevart des Italiens, 26,
Assisté de M. **ÉMILE BARRE**, Expert, rue de la Chaussée-d'Antin, 20,
Chez lesquels se distribue le présent Catalogue.

EXPOSITION PUBLIQUE

Le Mercredi 23 Décembre 1868

PARIS — 1868

CONDITIONS DE LA VENTE

Elle sera faite au comptant.

Les Acquéreurs paieront CINQ POUR CENT en sus des enchères.

L'Exposition mettant le public à même de se rendre compte de l'état des Objets, il ne sera admis aucune réclamation une fois l'adjudication prononcée.

MOBILIER

MEUBLES DE L'ÉPOQUE LOUIS XVI

1 — Lit en bois sculpté, réchampi blanc, et garni en cretonne, dessins à oiseaux.

2 — Rideaux et Couvertures de lit en cretonne, dessin à oiseaux.

3 — Commode en acajou à filets de cuivre, dessus de marbre blanc.

4 — Petite console de même genre.

5 — Table de nuit   id.

6 — Un Fauteuil et deux Chaises semblables au lit.

7 — Petit Lit en bois sculpté réchampi noir et garni en reps vert.

8 — Grande Console en acajou à galerie de cuivre et dessus de marbre blanc.

9 — Petit Guéridon du même style.

MEUBLES DIVERS

10 — Chaise Hollandaise en bois des Iles, recouverte en cuir gauffré.

11 — Jolie Bibliothèque en poirier noirci, à filets de cuivre.

12 — Très-joli Bureau plat en poirier, à filets de cuivre, avec ornements en bronze doré.

13 — Chiffonnier en poirier noirci à filets de cuivre.

14 — Petite Etagère en bois noir.

15 — Deux petits Guéridons hollandais.

16 — Ameublement de salle à manger en chêne sculpté, composé de : une Table à rallonge et 6 Chaises.

OBJETS DIVERS

17 — Pendule Louis XVI en biscuit de Sèvres et bronze doré.

18 — Petit Lustre israëlite en cuivre.

19 — Deux Flambeaux Louis XIII, bronze doré et gravé.

20 — Pot en étain, de Briot.

21 — Deux Sébilles orientales en cuivre doré et gravé.

VERRERIE

22 — Lampe en verre de Venise.

23 — Pot avec sa Cuvette en verre de Venise.

24 — Compotier en verre de Venise.

25 — Corbeille et son Plateau en verre de Bohême.

26 — 4 Verres de Bohême gravés, avec leurs couvercles.

27 — 2 Bouteilles en verre de Bohême, gravées.

28 — Bouteille en verre de Bohême, gravé et doré.

29 — Deux petits Verres de Bohême.

30 — Trois Candelabres avec girandoles en cristal de Bohême.

FAIENCES ET PORCELAINES

31 — Beau Plat en faïence de Pesaro, cadre sculpté.

32 — Plat en faïence d'Urbino, cadre sculpté et doré.

33 — Plat en faïence de Castel-Durante, cadre sculpté et doré.

34 — Plat en faïence de Faenza, cadre noir.

35 — Plat en faïence de Candie, cadre noir.

36 — Plat en faïence de Perse, cadre noir.

37 — Plat gaufré en faïence de Faenza.

38 — Plat gaufré en faïence de Trévise.

39 — Plat gauffré en faïence de Trévise.

40 — Plat, fond bleu, en faïence de Saint-Marc près Trévise.

41 — Deux Plats en faïence de Trévise (Louis XV).

42 — Gourde en faïence de Bassano.

43 — Vase de Pharmacie en faïence de Mantoue.

44 — Vase de Pharmacie en faïence de Notre-Dame-de-Lorette.

45 — Saucière et Plateau en faïence de Faenza.

46 — Ecuelle d'accouchée en faïence de Trévise.

47 — Deux Burettes en faïence de Vicence.

48 — Deux grands Plats en faïence de Delft.

49 — Deux Cornets en faïence de Delft.

50 — Deux Sceaux à champagne en faïence de Marseille.

51 — Assiette en faïence de Moustiers.

52 — Sept Assiettes en faïence de Marseille.

53 — Trois Pièces en porcelaine bleue du Japon.

54 — Un Sucrier en porcelaine de Chine (très-belle qualité).

55 — Deux Potiches en porcelaine du Japon.

56 — Un Réchaud en porcelaine de l'Inde.

57 — Une Cafetière en porcelaine de Chine (montée en argent).

58 — Huit Tasses en porcelaine de Chine.

59 — Dix Soucoupes en porcelaine de Chine et du Japon.

60 — Soupière en faïence de Rouen.

61 — Un Pot en grès de Flandre.

62 — Deux Vases en grès de Flandre.

63 — Deux Salières en émail de Saxe.

DESSINS ANCIENS

65 — L. CARRACHE. La Mise au tombeau, dessin à la Sanguine.

66 — CORRÉGE. Amours ; dessins à la Sanguine.

67 — GUERCHIN. Dessin à la plume.

68 — BOUCHER. Etude aux trois crayons.

69 — RAOUX. Le Concert ; dessin à l'encre de Chine.

70 — Ph. DE CHAMPAGNE. Sainte Marguerite ; dessin à la sanguine.

71 — CARESME. Sacrifice ; dessin à la plume et à la
sépia.

72 — BOITARD. Le Triomphe de l'Amour; dessin à
l'encre de chine.

73 — RIGAUD. Portrait aux deux crayons.

74 — HUET. La Prière à l'Amour.

75 — HUET. Le Triomphe de l'Amour.

76 — FRAGONARD. Le Lavoir.

77 — GREUZE. Tête de jeune Fille.

78 — Eug. LAMI. La Conversation dans le parc ; aquarelle.

79 — DECAMPS. Pifferaro ; aquarelle.

80 — ZIEM. Aquarelle.

81 — TESSON.   Id.

81 — LESSORE. Id.

83 — MARSAUD. Id.

84 — MARILHAT. Une Barque sur le Nil; dessin au
crayon.

85 — T. JOHANNOT. La Naissance d'Obed; dessin au
fusain.

86 — Eug. DELACROIX. Un Croquis.

87 — C. ROQUEPLAN. Deux Croquis.

88 — F. BONVIN. Dessin aux deux crayons.

89 — JOYANT. Une Chapelle de Saint-Marc; dessin à la
mine de plomb.

90 — FEUCHÈRE. Dessin à l'encre de Chine.

91 — RIBOT. Dessin à l'encre de Chine.

92 — LAZERGES. Mendiants d'Alger.

93 — LAFONT. Le Repos.

94 — JOYANT. Le Pont du Rialto.

TABLEAUX ANCIENS ET MODERNES

RENOU et MAULDE, imprimeurs de la Compagnie des Commissaires-Priseurs,
rue de Rivoli, 144.   20010